AF365417
MATIAS E A
ESTRELA CADENTE

Preparo de originais: Gabrielle Antunes   **Ilustração:** Aline Corrêa
Supervisão de texto: Jéssica H. Furtado   **Capa:** Geovanna Votto
Revisão: Bruna Del Valle   **Diagramação:** Geovanna Votto

A editora não se responsabiliza pelo conteúdo da obra, formulada exclusivamente pelo(s) autor(es).
A editora não se responsabiliza pela manutenção, atualização e idioma dos sites referidos pelos autores nesta obra. 1a Edição, 2024 — Edição revisada conforme o Acordo Ortográfico da Língua Portuguesa de 2009.
Publique seu livro com a Ases da Literatura. Para mais informações envie um e-mail para originais@asesdaliteratura.com.br
Suporte técnico: A obra é comercializada da forma em que está, sem direito a suporte técnico ou orientação pessoal/exclusiva ao leitor.

**Catalogação na publicação
Elaborada por Bibliotecária Janaina Ramos – CRB-8/9166**

D363m

Delponte, Danilo

Matias e a estrela cadente / Danilo Delponte; Ilustrações de Aline Corrêa. – Rio de Janeiro: Ases da Literatura, 2024.

40 p., il.; 17 X 24 cm

ISBN 978-65-5420-833-8

1. Literatura infantil. I. Delponte, Danilo. II. Corrêa, Aline (Ilustradora). III. Título.

CDD 028.5

Índice para catálogo sistemático
I. Literatura infantil

**Todos os direitos reservados, no Brasil, países da
Europa e Estados Unidos, por Editora Ases da Literatura**

Para comprar os livros com maior desconto possível,
visite nosso site e acesse o catálogo – **www.asesdaliteratura.com**
Instagram - **@editoraasesdaliteratura** e **@editoraasinha**

ILUSTRAÇÕES DE
Aline Corrêa
asinha
MATIAS E A
ESTRELA CADENTE
DANILO DELPONTE

Dedicatória

Para minha filha, Fiorella.

Era uma vez um menino muito esperto e brincalhão, seu nome era Matias.

Todas as manhãs ele ia para a escola, brincava com amigos, almoçava com seus pais e passava a tarde se divertindo com seus brinquedos.

À noite, enquanto dormia, Matias sonhava com muitas coisas malucas.

Hoje Matias está contente, pois amanhã é um dia especial. É o seu aniversário! Matias adora seu aniversário, e ele já sabe o que quer de presente.

— MAMÃE, EU QUERO IR PRA ÁFRICA! — disse Matias, entusiasmado.

— Pra África? — espantou-se a mãe.

— Sim! A professora contou que a África é muito legal, tem muitos animais: elefante, girafa, zebra, macaco, leão. Eu quero ir pra África, mamãe!

— Filho, mas a África é muito longe! Que tal irmos ao zoológico? — disse a mãe, tentando convencer o pequeno.

— Nós já fomos ao zoológico mamãe, eu quero ver os animais na África! — insistiu Matias.

— Desculpa filho, mas isso não dá. Você vai ter que escolher outra coisa.

— Mas eu quero! — disse Matias, voltando para o quarto chateado.

Matias ficou triste por sua mãe não lhe dar o que ele queria.

Já sei! Pensou, *se meus pais não querem me levar, eu vou sozinho!*

Na escola, Matias ganhou um mapa-múndi e aprendeu onde ficam os continentes.

— A África está aqui — disse ele apontando no mapa — e eu estou aqui. É só seguir nessa direção, pegar um barco e pronto!

Ele pegou sua mochila e pensou: *hmm, o que mais eu vou precisar?*

Colocou um pacote de bolachas, sua garrafinha de suco, o mapa que ele fez na escola, uma bússola que ganhou do avô, uma arma de água, um binóculo de brinquedo e uma lanterna.

Escondido de sua mãe, Matias correu pela porta da cozinha e fugiu de casa! Com seu mapa na mão, começou a sua aventura rumo à África!

Era uma tarde de um dia bonito e havia poucas nuvens. Ele andou, andou, passou pela casa dos vizinhos, andou mais um pouco e logo não sabia onde estava. Com sua bússola e mapa na mão, sabia apenas qual direção seguir.

Em seu caminho, Matias encontrou uma avenida, os carros passavam em alta velocidade e ele ficou com medo de atravessar, mas aquele era o caminho para seu destino: África!

Ele lembrou do que seu pai lhe ensinou: nunca sair correndo, olhar para os lados e esperar que os carros parem. Assim ele fez, esperou ao lado de uma senhorinha e quando os carros pararam, ele atravessou a avenida.

O sol estava forte. Matias andou um pouco mais e logo ficou cansado. Sua mãe sempre dizia para ele usar um boné, mas ele esqueceu de levar.

Puxa, como a África é longe, ele pensou.

BLLLLOOOORRGH, fez a barriga de Matias. Estava na hora do lanche! Ele parou para descansar, sentou-se em uma muretinha, comeu o pacote de bolachas que trouxe e bebeu o suco de sua garrafinha. BLLOOOOORGH! Novamente a barriga de Matias roncou, mas suas bolachas já haviam acabado. Ele lembrou do sanduíche gostoso de sua mãe, mas ele estava decidido, não podia voltar agora.

Matias colocou sua mochila nas costas, pegou de novo seu mapa e saiu andando, mas não notou algo que estava prestes a mudar o destino do nosso pequeno aventureiro: o cadarço do seu sapato estava solto. Matias pisou sobre ele, tropeçou e caiu no chão.

Ele ficou com as mãos e os cotovelos ralados e, pior ainda, quando caiu, o vento passou e levou seu mapa para longe.

— MAMÃAAE! — Matias berrou, mas ninguém veio.

Choramingando, ele olhou para os lados e percebeu que
o mapa não estava mais ali.

*Cadê meu mapa-múndi?! pensou, sem ele não posso
chegar à África!*

Matias parou de chorar e saiu em busca do mapa. Procurou
embaixo dos carros estacionados, no quintal das casas, no
meio dos arbustos e até no lixo. Cansou de tanto procurar.
O céu estava a escurecer e Matias ainda não o havia
encontrado.

Ele começou a ficar com medo. Sozinho, perdido e no
escuro, Matias estava sem seu mapa e não sabia como
voltar para casa.

O que vou fazer? pensou ele. Então, ele lembrou de um
segredo que sua mãe lhe contou um dia: Se vir uma estrela
cadente, faça um pedido e ele vai se realizar.

Matias nunca havia visto uma estrela cadente antes, mas
resolveu procurar. Muitas nuvens haviam preenchido o céu,
ele ficou buscando entre elas, esperando que alguma estrela
aparecesse e começasse a brilhar.

De repente, no meio das nuvens, Matias viu um risco
branco, muito rápido. *Deve ser a estrela cadente!* Ele
fechou os olhos e fez um pedido:

— Eu quero ir pra África!

Assim que fez o seu desejo, uma ventania começou e
logo depois veio um estrondo! Matias se assustou e
quase caiu de novo.

Quando abriu os olhos, viu que ainda estava no mesmo
lugar, porém o ar parecia diferente. Matias não foi para
a África, em vez disso, começou a chover! E a chover
muito! Com vento, raios e trovões.

Matias saiu correndo em busca de abrigo. Em frente a uma casa, Matias viu uma caixa grande, entre um monte de entulho. Sem muitas opções, ele entrou ali mesmo.

Que aventura! pensou. Dentro da caixa, Matias estava com um pouco de frio, mas pelo menos estava protegido e não havia se molhado muito. Acendeu sua lanterna, tirou a mochila e encostou nela, esperando a chuva passar.

Matias estava cansado e começou a pensar se realmente conseguiria chegar à África sozinho.

Então, uma coisa chamou a sua atenção. Matias olhou para trás e estranhamente a caixa não tinha fundo. Era como um túnel e havia uma forte luz branca no final.

Matias resolveu ir até lá engatinhando e quando saiu pelo buraco, ficou espantado! Ele estava dentro de um castelo!

Era um saguão grande e redondo. As paredes pintadas de amarelo em tom creme, com colunas brancas, detalhes dourados e em relevo. No piso havia desenhos geométricos. Quadros e estátuas completavam a decoração. Ao fundo, escadas com tapetes vermelhos levavam ao segundo piso.

Matias, mais que curioso, andou e tocou em tudo. As pinturas eram abstratas, mostravam apenas cores e formas pouco definidas. As estátuas eram perfeitas, parecia que poderiam se mover a qualquer instante.

De repente, ele ouviu um berro:

— BOBOOOOOOO!

— O que foi isso? — perguntou-se Matias, meio assustado.

— BOBOOOOOO! — Ouviu novamente. Os berros pareciam vir do andar de cima do castelo, então Matias subiu as escadas.

No segundo andar, havia um corredor, com uma porta semiaberta no final. Ele foi devagarinho ver o que tinha ali. Chegou bem perto e olhou pela fresta da porta.

Era um quarto grande e esquisito, nem parecia um quarto de castelo. Estava bagunçado, cheio de coisas jogadas no chão, restos de comida, caixas vazias e montes de brinquedos.

No meio daquela bagunça, uma coisa chamou a atenção, era uma bola grande, do tamanho do Matias, e em cima da bola havia um chapéu esquisito. Matias ficou olhando aquilo intrigado e, de repente, a bola se mexeu! Ela tinha um rosto, que virou e disse:

— Bobo? Hmm, você não é o Bobo! Quem é você? O que faz aqui? — disse a bola.

— Eu sou o Matias — disse ele. — E você?

— Eu sou o Dudu! O príncipe deste castelo!

Príncipe? pensou Matias. Aquela bola era na verdade um menino. Estava com roupas pomposas como as de um príncipe, mas lembrava mais um porco sujo. Tinha uma voz pedante, digna de um aristocrata.

— Você viu meu mordomo por aí? — perguntou Dudu.

— Estou aqui, alteza — disse o mordomo, entrando no quarto. Um homem alto, fino, sério, de terno, gravata borboleta e um chapéu de bobo-da-corte.

— O que deseja? — disse o mordomo.

— Onde está meu robô? — respondeu o príncipe.

— Ainda não está pronto, alteza.

— Ah, seu inútil! Traga ele para mim o mais rápido possível!

— Como desejar, alteza — disse o mordomo, saindo.

— Robô? — perguntou Matias.

— Sim — disse o príncipe. — Todos os dias Bobo traz um brinquedo novo pra mim. Eu já enjoei dos outros, e agora quero um robô.

Matias ficou espantado. Um brinquedo novo todo dia?

— Eu... eu posso pegar um?

— NÃO! — disse o príncipe. — São meus!

Que menino chato! pensou Matias. De que adianta ter tantos brinquedos se ele não brinca? Acho que vou embora.

Assim que Matias se virou, ouviu um barulho: MIAOOU!

Era um gatinho malhado de cor laranja que acabara de subir na janela do quarto.

— AH! Esse bicho de novo! — berrou o príncipe. — Dessa vez ele não escapa!

Dudu pegou uma arma de brinquedo e mirou no gatinho!

Matias, que adorava os animais, ficou espantado e deu um berro.

— NÃO!

ROBOTOP 5000

Matias correu o mais rápido que pôde e derrubou o príncipe, que errou a mira e não conseguiu acertar o gato.

— Foge gatinho! — berrou Matias.

Nesse momento, Bobo, o mordomo do príncipe, entrou no quarto trazendo uma caixa enorme, um controle remoto na mão, e disse:

— Alteza, seu robô está pronto.

— Agora vocês vão ver! — disse o príncipe, e arrancou o controle da mão do mordomo.

O príncipe apertou um botão, e aquela caixa enorme se abriu. De dentro saiu um robô maior do que eles, com olhos vermelhos, rodas de tanque de guerra e garras no lugar das mãos.

Matias saiu correndo pelo quarto, desviando de todos os brinquedos no chão, pegou o gatinho e pulou a janela. Logo atrás veio o robô, perseguindo os dois a toda a velocidade!

Atrás do castelo havia um grande jardim e Matias fugia correndo por entre os arbustos, mas o robô do príncipe era rápido, destruía tudo o que via pela frente e estava quase os alcançando.

Então, Matias lembrou de uma coisa que trouxe em sua mochila: sua arma de água! Mamãe falou que água e eletricidade não combinam, era sua única chance!

Ele pegou a arma o mais rápido que pôde e disparou várias vezes no robô, que chegou muito perto, com as garras quase tocando seu rosto, mas entrou em curto-circuito e caiu no chão.

Matias continuou correndo com o gatinho até não poder mais, e conseguiu sair dos arredores do castelo.

Eles acabaram em um campo, de grama alta e bem verde. No meio havia uma árvore grande e florida, Matias foi até lá.

Ele se sentou à sombra da árvore, sentiu-se cansado e estava dolorido de toda aquela aventura. Chateado e de cabeça baixa, estava prestes a chorar.

— Que droga! Eu só queria ir para a África! Eu vi a estrela, mas ela não realizou meu desejo! Era tudo mentira, agora estou perdido, sozinho...

— Não chore querido... — ele ouviu uma voz dizer.

— Ahn? Quem disse isso? — perguntou Matias, sem ver ninguém por perto.

— Eu! — disse uma voz vindo da árvore.

— AH! Uma árvore que fala! — Matias caiu para trás, espantado.

— Não, seu bobo! Hihihi, aqui em cima!

De cima da árvore desceu uma menina, de cabelos e olhos escuros, muito bonita, com um vestido e uma pena azul na cabeça.

— Eu sou filha da floresta, protejo as plantas e os animais. Eu vi o que você fez com o gatinho. Você foi muito legal — disse a menina.

— Ah, não foi nada... disse Matias, admirado e corado.

— Ouvi você dizer que estava procurando uma estrela cadente, é verdade?

— Sim — respondeu Matias. — Eu fiz um pedido, mas ela não me atendeu.

— A estrela cadente não escuta de longe, você precisa pedir de pertinho! — disse ela.

— De perto? Mas como? — perguntou Matias.

— Eu vi a estrela cair, posso te ajudar a encontrá-la.

— JURA? — Matias ficou intrigado, mas muito feliz! Finalmente podia dar certo!

— Está vendo aquele passarinho azul ali? Ele é meu amigo e vai te levar até perto de onde a estrela caiu.

— Muitíssimo obrigado! — disse Matias, agora ainda mais encantado com aquela menina.

— Vai logo! O pássaro já está indo! — disse ela sorrindo.

A ave azul bateu as asas e Matias seguiu correndo atrás dela.

A ave voou, voou, levou Matias através do campo, o fez atravessar um pequeno rio, passar por entre arbustos e subir até o alto de uma pedreira.

Chegando lá, o pássaro fez a volta e deixou Matias para trás.

— Ei! Aonde você vai? — perguntou ele, mas a ave continuou seu rumo de volta ao bosque.

E agora? pensou. *A estrela não pode estar longe.*

De repente, Matias sentiu um vento muito frio passando pelas suas costas, resolveu subir mais um pouco pra ver o que havia depois daquelas pedras. Era uma grande colina e tudo estava coberto de neve.

— Neve? Como vou encontrar essa estrela aqui?

Matias lembrou que havia trazido um binóculo, e resolveu usá-lo.

Estava tudo branco e era difícil encontrar alguma coisa, mas bem no topo daquela colina Matias viu uma pedra grande, com uma cor diferente de todas as outras.

Deve ser a estrela! pensou, e correu até lá.

Foi difícil subir, Matias estava coberto de neve até quase os joelhos, mas aquela pedra de cor diferente com certeza tinha vindo do céu. Dava pra ver pelo buraco que ela fez quando caiu.

Então, ofegante e morrendo de frio, ele conseguiu
chegar até a estrela. Juntou suas últimas forças e
desejou em voz alta:

— Eu quero ir pra África!

Ele ficou observando a pedra, olhou em volta, mas nada
aconteceu. Ouvia apenas o sussurro do vento.

Tentou de novo, dessa vez falando ainda mais alto:

— EU QUERO IR PRA ÁFRICA!

Ele esperou um pouco, tentou de novo, mas nada mudou.
Matias ficou nervoso, caiu de joelhos, começou a chorar e
a gritar:

— EU QUERO IR PRA ÁFRICA, EU QUERO IR PRA ÁFRICA!
EU QUERO IR PRA ÁFRICA!

— EI, EI! CALMA! EU NÃO SOU SURDO! — Matias ouviu
uma voz que parecia vir de cima da pedra.

Ele levantou a cabeça e logo viu quem era: um senhor
baixinho de barba branca e comprida. Usava uma roupa
que era na verdade um pijama, uma touca pontuda,
pantufas em forma de coelho e um cajado na mão.

— Quem é você? — perguntou Matias.

— Eu sou Erwin, o zelador dessa estrela. E você, quem é?

— Eu sou Matias. Eu vim até aqui porque queria ir pra
África, mas a estrela não quer realizar o meu desejo
— disse Matias choramingando e tremendo de frio.

— Ir para a África? Mas você é só uma criança! — disse
o velhinho, rindo abismado.

— É muito legal na África! — respondeu Matias, com feições de choro e raiva ao mesmo tempo. — Eu quero morar lá!

— Hehehe, mas você é mesmo uma criança teimosa. Foi difícil chegar até aqui, não foi? Bem, Matias, preste atenção no que eu vou te dizer.

O senhor apontou o cajado para o Matias e com um semblante sério, continuou:

— Você foi muito corajoso em vir até aqui, mas às vezes as coisas não serão como você quer. Não fique triste, pois tudo o que for difícil vai te deixar maior e mais forte. Mesmo quando tudo parece estar dando errado, se você tiver um bom coração, as estrelas te levarão para o melhor caminho.

Ao ouvir essas palavras, Matias começou a pensar em tudo o que aconteceu até ali. Que aventura maluca foi essa! Saiu sozinho de casa, fugiu de uma tempestade, encontrou um castelo com um príncipe, teve que enfrentar um robô, encontrou uma fada e agora estava ali, ao lado de uma estrela que caiu na terra falando com um pequeno senhor de pijamas.

Matias então lembrou de seus pais, das coisas que eles não o deixavam fazer, mas também de todas as coisas boas que faziam juntos. Lembrou do carinho de sua mãe, do lanche que ela sempre faz, dos passeios, das brincadeiras de seu pai e das histórias antes de dormir.

Matias sentiu aquelas lembranças apertarem no seu peito, e a saudade misturada com o medo doíam como um espinho no coração. O velhinho tinha razão, Matias ainda era muito pequeno para ir até a África sozinho. Então, com lágrimas nos olhos e todas as forças que restavam, Matias gritou o mais alto que pôde:

— EU QUERO VOLTAR PRA CASA!

O velho da estrela deu um longo sorriso para Matias,
e com uma pancada forte de seu cajado no topo da
estrela, berrou:

— DESEJO ATENDIDO!

A estrela começou a brilhar forte, forte e mais forte até
que Matias não conseguia enxergar mais nada além daquela
luz branca. Então a luz foi diminuindo aos poucos, até restar
apenas um ponto de luz forte. Matias foi engatinhando até ela
e quando chegou perto, que surpresa! A luz vinha da lanterna
do seu pai! Matias havia voltado para aquela caixa na rua.

— MATIAS! — berrou sua mãe. — Você está aí, filhinho, não acredito. Eu estava tão preocupada!

— O que você está fazendo aí filho? — Perguntou o pai sério, mas aliviado.

— Eu queria ir pra África, mas não deu certo.

— A África é muito longe, meu bem, eu te disse — disse a mamãe, o abraçando e tentando fazê-lo entender.

— Tudo bem, mamãe, eu já sei. Vamos pra casa? — respondeu Matias com um sorriso no rosto.

— Sim, filhão! — disse o pai, também abraçando-o. — Já é tarde, e logo é seu aniversário!

— EBA! Podemos ir ao zoológico? — perguntou Matias.

— Vamos sim, querido — respondeu a mãe, aliviada.

E os três voltaram para casa, contentes por estarem todos bem.

Naquela noite, deitado em sua cama, Matias lembrou novamente de todas as coisas que aconteceram e dos desafios que enfrentou. Sentiu-se feliz por estar em seu quarto, por ter seus pais por perto, pela sua casa, pelos seus brinquedos.

Então ele respirou fundo, relaxou e tomou uma decisão: quando crescer ele vai para a África!

Estava quase dormindo, quando um pequeno ruído chamou sua atenção.

Pousado em sua janela havia um pássaro azul.

FIM[1]

---

[1] Para mais conteúdo sobre essa e outras histórias, visite o site: danilodelponte.com/matias

Danilo Delponte

Contato: danilodelponte.com

Analista de Sistemas por formação, Danilo é programador e aficionado por tecnologias emergentes. Sua maior motivação vem da experiência e impacto que o produto do seu trabalho causa nas pessoas.

É também amante das artes e entusiasta de métodos alternativos de educação. Filho da época de ouro da TV Cultura no Brasil, carrega consigo grande carinho e apreço pelo ensino infanto-juvenil. Autodidata na área, participou de grupos de fomento à educação alternativa e ministrou curso de gamificação para professores da rede pública.

Danilo é apaixonado pelo mundo, pela natureza e pelo universo. Busca através de suas criações encantar e exaltar o valor, o respeito e a contemplação da vida, em todas as suas formas e cores, e a busca contínua por sabedoria.

Publique seu livro:

**Não deixe de conhecer
os outros livros do
selo Asinha em:**

www.asesdaliteratura.com